श्रृंगार

एक स्त्री का सौंदर्य

नीति यादव

क्रम-सूची

क्रम-सूची

About The Book

कुछ भावनाएं किसी पन्ने पर नहीं, अपितु दिल पर लिखी होती हैं। ये दिल भी तब ही खुलता है जब उसे अपना दुख महसूस करने के लिए एकांत मिलता है। इसी एकांत में भावनाओं की एक धारा सी बह गई, जो श्रृंगार कहलाई। श्रृंगार रस एक स्त्री के जीवन में हो न हो, श्रृंगार अवश्य होता है। यह "श्रृंगार" मात्र कुछ पंक्तियों का समूह नहीं है, एक नदी है भावनाओं की। आशा है श्रृंगार की व्याख्या आपको अच्छी लगेगी।

About The Author

नीति यादव एक केमिकल इंजीनियर हैं। इन्होंने ग्रेजुएशन के दौरान किताबों की दुनिया से दोस्ती की। वहीं उन्होंने किताबों को पढ़ना शुरू किया और लिखने का विचार आया। परन्तु जीवन की भागदौड़ में इनके विचारों को पन्नों का आसरा अब मिल पाया है। आने वाले समय में भी वो एक कवि और लेखक बनकर भावनाओं को पन्नों का आसरा देती रहेंगी।

About Editor

DR. SUNIL PATIL

नाम:- डॉ. सुनील पाटिल

जन्म:- नीमच (मध्यप्रदेश)

मातृभाषा: - मराठी

शिक्षा:- एम. ए. (हिंदी), एम.फिल. (हिंदी), बी.ए. (हिंदी),
पीएच.डी. (हिंदी)

तकनीकी शिक्षा: अनुवाद एवं पत्रकारिता में स्नातकोत्तर डिप्लोमा

संप्रति: हिंदी परवक्ता, द्वारकादास गोवर्धनदास वैष्णव कॉलेज
(सायं) , चेन्नई -600106.

भाषाओं का ज्ञान:- हिंदी, हिंदी,तमिल,अंग्रेजी

सम्मान:3

• वर्ष 2016 लायंस क्लब इंटरनेशनल पेरिमेड द्वारा बेस्ट टीचर अवार्ड प्राप्त ।

विलक्षाणा एक सार्थक पहल समिति अजायब (हरियाणा) द्वारा विलक्षणा शोध रतन सम्मान -2021

विलक्षाणा एक सार्थक पहल समिति अजायब (हरियाणा) द्वारा आचार्य चाणक्य सम्मान-2021

• बोहल शोध मज्जूषा द्वारा इन्टरनेशनल टीचर्स प्राइड अवार्ड 2021

• एम.ए. (हिंदी) स्वर्ण पदक प्राप्त (उब शिक्षा और शोध संस्थान, दक्षिण भारत हिन्दी प्रचार सभा की चारों शाखाओं में प्रथम)

• राष्ट्रीय एवं अन्तर्राष्ट्रीय पत्र-पत्रिकाओं में शोधलेख प्रकाशित

ई-मेल : sunilpatil7969@gmail.com

आभार

मैं धन्यवाद करना चाहूंगी हर उस व्यक्ति का, जो किसी न किसी तरह मेरे जीवन में आया। मुझे अच्छा या बुरा अनुभव दे कर इस योग्य बनाया कि मैं अपने शब्दों में उसे लिख सकूं। मैं अपनी मां, नानी और अन्य स्त्रियों को भी धन्यवाद करती हूं।

मैंने उतना जीवन नहीं जीया है की मैं इतना सब लिख सकूं। बस धीरे धीरे समय के साथ चलते हुए जो भी इन सब को करते देखा वो मेरी रचना में झलकता है। मुझे आशा है, इसे पढ़ने वाली कोई भी स्त्री खुद को जोड़ कर देख पाएगी।

मुझे प्रारंभ में ही परमात्मा का धन्यवाद कर देना चाहिए था। परन्तु मैंने ऐसा जान बूझ कर नहीं किया। उनका कितना भी धन्यवाद किया जाए कम ही है। शब्द उनकी महिमा का बखान नहीं कर सकते। फिर भी, जीवन में जो सीखा अच्छा या बुरा, वो उनकी ही प्रेरणा और कृपा से सीखा। मैं जो भी करती हूं या सोचती हूं या मेरे जीवन का है ,सब उनको अर्पण है।

साक्षात्कार

मैं एक स्त्री हूं। काली, गोरी, पतली, मोटी, सुंदर, बदसूरत, नकचढ़ी, नखरीली, और न जाने क्या क्या कहते हैं लोग मुझे। मैं किसी को अच्छी लगती हूं और किसी को बुरी। ये सामने वाले की मुझसे जो आशाएं हैं, उन पर निर्भर करता है। मैं जब अपने माता पिता के घर पर होती हूं तब मुझसे ये आशा की जाती है कि मैं कुल की मर्यादा रखूं। बचपन से ही मुझे तौर तरीके सिखाए जाते हैं ताकि ससुराल में परेशानी न हो।

जब मैं विवाह योग्य हो जाती हूं तब मुझसे यह आशा की जाती है की मैं मायके और ससुराल दोनो जगहों को मर्यादा रखूं। मुझे एक पर्वत बनकर अपने ससुराल की मुसीबतों से टकराना होता है। कभी कभी मैं दूसरे घर के लिए उपयोग की वस्तु भी होती हूं। मैं यह निर्णय ही नहीं कर पाती की मैं क्या मायने रखती हुं। खैर, वो तो हर स्त्री झेलती ही है।

जब मैं मां बन जाती हूं तब मेरी दुनिया ही बदल जाती है। कोख में पलने से लेकर अंतिम यात्रा तक मैं संतानों को अपने दिल में रखती हूं। चाहे वो मुझे भूले या याद रखें, मैं उन्हें हमेशा याद रखती हूं। ये मेरे अस्तित्व की एक विडंबना है। मां बनकर जन्म देना शायद आसान हो, पर मां बनकर पालना और संतान की हर अच्छी बुरी बात को सह जाना आसान नहीं है।

जैसे भी हो मेरी उम्र बीत ही जाती है। मैं सब कुछ सहकर भी उफ्फ तक नहीं करती। यह तो मेरा आधार, मेरा श्रृंगार है। एक स्त्री बिना श्रृंगार के सूनी है। श्रृंगार उसे पति के दिल में जगह दिलाता है। विवाह के मंडप से लेकर एक सुहागन मरने पर श्रृंगार साथ रहता है। हां, कोई विधवा हो तो वो बिना श्रृंगार

के मरती है। फिर भी उसके जीवन का गहरा अध्ययन आपको काफी कुछ पढ़ा देगा।

श्रृंगार मेरे जीवन का एक अभिन्न अंग है। मैं हर कदम पर विभन्न श्रृंगार करती हूं। जिसे ये दुनिया नहीं समझ पाती। वो सृष्टि की आदि से अंत तो कोई समझ भी नहीं पायेगा। खैर, मैं एक स्त्री हूं मुझे कोई क्या समझेगा।

1. बचपन की सुंदरता

वो सुंदर लाल साड़ी पहने हुए
माथे पर बिंदी लगाकर
लंबे घने बालों को गूंथ कर
नागिन जैसी छोटी बनाए हुए
मां को देखना और
उनके जाने के बाद
चुपके से, उनका सामान
उठा कर सजना फिर
पूरे घर में दौड़ दौड़ कर
सबको सताना और पूछना
की में कैसी लग रही हुं
फिर सबका कहना कि बिल्कुल
अपनी मां जैसी सुंदर
और मेरा खुशी से खिलखिलाना
वो सब याद आता है
कितना सुंदर था न
बचपन मेरा।

2. जब भी मां नई साड़ी पहने

जब भी मां नई साड़ी पहने
नए कपड़ों की जिद करना
और फिर खाना न खाना
घर वालों के बार बार मनाने
पर भी न मुस्कुराना
जब भी कोई मनाने आए
तो चिढ़ के मुंह बनाना
दोस्तों से भी बात न करना
न घर से खेलने जाना
वो हर छोटी छोटी बात पर
नखरे दिखाना
चाहे कोई कुछ भी कहे
सबसे अपनी बात मनवाना
नई फ्रॉक के मिलते ही दोबारा
खिलखिलाना,
कितना सुंदर था न
बचपन मेरा।

3. किशोरावस्था का सौंदर्य

मैं नई थी और नए थे मेरे सपने

शरीर के रोम रोम में

जैसे ये रंगीन दुनिया

मेरे लिए ही तो है

और मैं यहां पर उड़

सकूं, इस अनंत आकाश में

जब जब कोई प्रेमी

बात करता अपनी प्रेमिका के

सौंदर्य की, अपने आप को आईने में

देखना और निहारना

की मैं कितनी सुंदर हूं

क्या मुझे भी प्यार मिलेगा

प्रेम की वो चाह

जब परवान पर थी

वो दिन भी सुंदर था।

4. मुझे याद है जब उसने मुझे देखा था,

मुझे याद है जब उसने मुझे
देखा था,
मैं शर्म से लाल थी
उसकी नज़रों ने मुझे
दूर से ही छू लिया था
दूर से ही महसूस किया
की प्रेम कितना सुंदर होता है
प्रेम थी या वासना
मुझे नहीं पता था पर जब
जाना उस ने ही किसी और
को देखा और वो भी ऐसे
ही शर्मा रही थी
दिल तो टूटा पर साथ में
कुछ और भी
शायद एक गलतफहमी
मैंने जाना कि सुंदर चेहरा
बस कुछ दिन का प्यार
देता है
और मैंने जाना की
सुंदरता शरीर में नही

नीति यादव

मन में होती है।

5. यौवन का सौंदर्य

अभी कुछ साल बीते थे
पुराने घावों को भरे हुए
और जवानी भी जल्दी आ गई
की शरीर मिलन के लिए
ढूंढने लगा ऐसा साथी
जो बिना श्रृंगार के भी
प्रेम करे,
कुछ अरमान तो दिन दिन
बढ़ते जा
रहे थे।

6. वो दिन जब आया

वो दिन जब आया
मैं पूरी तरह नई थी
और खोज अभी
चल ही रही थी
हालांकि मैं कुछ बोलती
नहीं थी क्योंकि
ये दुनिया बस उपहास करना
जानती है
समझना नहीं।

7. एक दिन कोई मेरे मन को भाया

एक दिन कोई

मेरे मन को भाया

और मैंने दुनिया की बात न

मानकर उसे अपना बना लिया

उसकी बात मेरा धर्म थी

और उसकी खुशी मेरी पूजा

पर एक कमी मुझे में थी

जो थी मेरा हद से आगे जाना

मैंने उसे भगवान मानकर

पूजा और अपना

सब कुछ उसे दिया

वो समझ नहीं पाया

की ये पूजा है या

पागलपन

वो नहीं समझा और

मेरे श्रृंगार जो केवल

मेरा प्रेम था वो

किसी काम न आया।

8. मैं टूटी, रोई,और सिमट गई

मैं टूटी, रोई,
और सिमट गई
एक दायरे में जहां
बस मैं और मेरी तन्हाई
रहते थे
और अब मुझे नफरत हो गई
प्रेम से
अब बस मुझे सुंदर लगना था
इतना सुंदर की अब दिल नहीं
बस चेहरा अच्छा लगे
और अब मैं खुश थी
बस सुंदर चेहरे में
जहां श्रृंगार केवल
तन का हो
मन तो काला भी
होता है
तो भी चलता है
आखिर वो दिखाई
किसे देता है?

9. विवाह का श्रृंगार

स्त्री की श्रृंगार सुंदरता
की चरम पर होता है
जब वो दुल्हन बनती है
क्योंकि उसके सपने उसकी
आंखों में दिखते हैं
वो जानती है
की तन और मन
अब दोनों को समर्पित करना है
पति के लिए।

10. उसे पता होता है

उसे पता होता है
उसे अब नई उड़ान भरनी है
वो जानेगी क्या होता है
सोलह श्रृंगार
सोलह संस्कार में विवाह
प्रमुख है
क्योंकि अब एक लड़की केवल
एक बेटी और बहन न रही
अब वो किसी की अर्धांगिनी है
किसी का आधा अंग
अब दर्द और खुशी
बांटनी होगी और
भी सब कुछ जो भी
जीवन में आए।

11. अब उसका श्रृंगार उसके जीवन की

अब उसका श्रृंगार उसके जीवन की
दिशा बदलेगा
उसका सिंदूर उसकी मांग में
जब चमकेगा
उसके पति के प्रेम को दर्शाएगा
उसकी बिंदी उसके माथे को
सुंदर बनाएगी
उसकी चूड़ियां खन खन करके
गूंजेगी
जिससे घर में खुशियां आएंगी।

12. सास ससुर के सामने संस्कार ही श्रृंगार होता है

सास ससुर के सामने संस्कार ही
श्रृंगार होता है
ऐसा उसने अपनी मां से सुना था
और वो ऐसा ही करती है
भोजन अन्नपूर्णा बनकर देना
बेटी की तरह देखभाल करना
बहु की तरह संस्कार निभाना
और मां की तरह दवाई देना
ये एक बहु का श्रृंगार है।

13. जब रात के समय सेज पर

जब रात के समय सेज पर
पति राह देखता है
तो वो अपना पल्लू
संभालती हुई कुछ घबराई सी
कुछ शरमाई सी धीरे धीरे
चलने लगती है
पति का स्पर्श उसके श्रृंगार को
रस देता है
उसका श्रृंगार सार्थक होता है
उसके जीवन को दिशा
मिल जाती है
वो पल उसके जीवन
में नया सवेरा लाते हैं।

14. मां की सौंदर्य

अब वो एक
मां बन जाती है
जो बस अपनी संतान
के सुख के लिए जीती है
क्या दिन है और क्या रात
वो यह सब नहीं जानती
वो जानती है बस
उसकी संतान भूखी न रहे
उसकी संतान सदा मुस्कुराती रहे।

15. चाहे नाश्ता हो

चाहे नाश्ता हो
विद्यालय जाने से पहले
या हो दफ्तर से पहले
डब्बा बनाना
बस जूड़े में बाल
लगाकर माथे पर पसीने
की बूंदों को साड़ी
या दुपट्टे से पोंछते हुए
वो बहुत सुंदर लगती है ।

16. सुबह अलार्म बजने से

सुबह अलार्म बजने से
रात में सबके सोने तक
सबको खिलाती पिलाती हुई
वो सजना संवरना भूल जाती है
क्योंकि अब समय नहीं रहता
वो अब सबका ध्यान रखती है।
अब उसे अपने खाने पीने तक
का समय नहीं रहता
तो सजने का समय कहां से लाए?

17. वियोग का शृंगार

चूंकि अब उसकी
उम्र हो चली है
बच्चे बड़े होने लगे हैं
वो सजती नहीं है अब
वो बस सबको खुश
रख कर ही खुश है
वो जानती है उसका पति
चाहता है वो सजे
और दुल्हन की तरह जैसे
आज से तीस साल पहले
वो लगी थी
पर अब ऐसा नहीं है
उसे पता है उसका पति
उसके चेहरे की झुरियां
नहीं देखना चाहता
और उसकी नज़र
अब उसके चेहरे
पर नहीं ठहरती
फिर भी वो चुप है
क्योंकि ये प्रकृति का

श्रृंगार है।

18. चूंकि अब उसकी

चूंकि अब उसकी
उम्र हो चली है
बच्चे बड़े होने लगे हैं
वो सजती नहीं है अब
वो बस सबको खुश
रख कर ही खुश है
वो जानती है उसका पति
चाहता है वो सजे
और दुल्हन की तरह जैसे
आज से तीस साल पहले
वो लगी थी
पर अब ऐसा नहीं है
उसे पता है उसका पति
उसके चेहरे की झुरियां
नहीं देखना चाहता
और उसकी नज़र
अब उसके चेहरे
पर नहीं ठहरती
फिर भी वो चुप है
क्योंकि ये प्रकृति का

श्रृंगार है।

19. अंतिम श्रृंगार

जैसे तैसे करके जीवन
पार किया और अब वो
फिर से सजी है बिल्कुल
दुल्हन की तरह
वही लाल चुनरी
लंबा सा सिंदूर
जो मांग में
दमक रहा है
और वो बिंदी जो
उसके माथे की
शोभा बढ़ाती थी
और सजा है
उसका पूरा तन।

20. आज भी भीड़ है

आज भी भीड़ है
रिश्तेदारों की
जो इंतज़ार में हैं
की दाह संस्कार की
रसम खत्म हो
और घर जाएं
अंतर बस इतना है की
आज कोई मुस्कुरा नहीं रहा
और न ही कोई रो रहा है
वो तैयार है
अंतिम श्रृंगार किए हुए
और अब अंत है जीवन का
फिर भी श्रृंगार साथ है
हालांकि यह यहीं रह जायेगा।

21. अंतिम पत्र

आज मैं विदा हो रही हूं। आज भी सब वैसे ही रो रहे हैं जब मेरी शादी के समय रोए थे। बस अंतर यह है की आज मैं नहीं मेरा पार्थिव शरीर यात्रा पर जा रहा है। आज मैंने फिर से लाल साड़ी पहनी है। बिंदी लगाई है और आभूषण भी पहने हैं। आज मेरी देह फिर से चमक रही है। मुझे आशा है दुनिया को मेरा ये श्रृंगार पसंद आएगा। मैं जा रही हूं वहां जहां मुझे श्रृंगार की आवश्यकता नहीं होगी। वहां परमात्मा के पास कोई मेरा श्रृंगार नहीं देखेगा। यह तो शरीर के साथ भस्म हो जाएगा। बस अच्छे बुरे कर्म देखे जायेंगे और न्याय होगा। ये आज मेरा अंत है। पर जब तक ये सृष्टि है, स्त्री का श्रृंगार अमर रहेगा। शायद भगवान ने ही स्त्री के श्रृंगार को अमर किया है। मैं एक स्त्री हूं और सदा सुंदर रही हूं।

Ywg.official

Young Writers Group (YWG.OFFICIAL) is an organisation which is working to help writers in showcasing their work in front of vast number of readers . We offers a budget friendly packages to our writers. We are working as a writer's helping society. You can have a talk with us regarding publishing your book on our instagram :@YWG.OFFICIAL

Or you can drop your mail on ywg.co.in@gmail.com Else you can also contact us on following numbers
Akash: 7404390981
Aashika: 9634644516

www.ingramcontent.com/pod-product-compliance
Lightning Source LLC
Chambersburg PA
CBHW021152130726
47988CB00004B/1581